USINE HYDRAULIQUE & A VAPEUR

DE LA MAISON

COLCOMBET FRÈRES ET Cⁱᵉ

FABRICANTS DE RUBANS

A SAINT-ÉTIENNE, 5, RUE ROYALE

PARIS

IMPRIMERIE VICTOR GOUPY, RUE GARANCIERE, 5.

1873

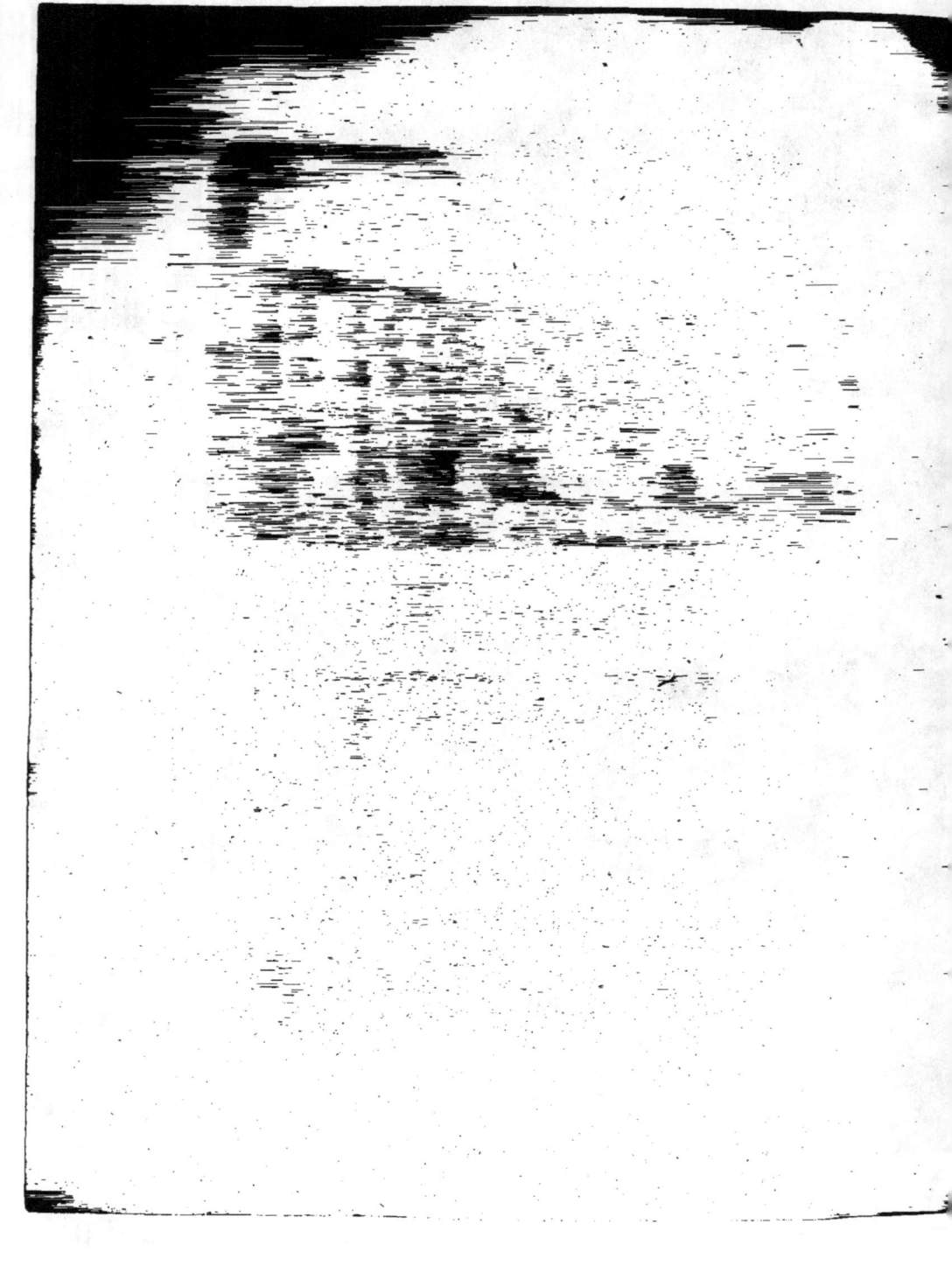

NOTICE

SUR L'USINE HYDRAULIQUE ET A VAPEUR

DE LA MAISON COLCOMBET FRÈRES ET CIE

FABRICANTS DE RUBANS A SAINT-ÉTIENNE, 5, RUE ROYALE

ANCIENNETÉ ET NOTORIÉTÉ DE LA MAISON.

L'Industrie de la Rubanerie est, depuis longtemps déjà, exercée par la maison Colcombet.

L'aïeul du chef actuel de la maison, M. Salichon, fut le premier, en 1763, qui substitua dans la fabrique de Saint-Étienne le métier à la Zurichoise, tissant trente pièces à la fois, au métier à basse lisse.

A la génération suivante, le chef de la maison fut M. François Colcombet.

Dans la période de 1804 à 1854, son commerce acquit une notoriété et un développement considérables, et se tint constamment au premier rang.

Il obtint, en 1834, une médaille de bronze à l'Exposition de Paris, exposition comprenant la France seulement.

En 1855, à l'Exposition universelle de Paris, une médaille de première classe lui fut décernée.

Après sa mort ses fils ont pris la direction de la maison, que leurs enfants prendront sans doute encore. Dans un ouvrage resté célèbre [1], l'ancien organisateur de l'Exposition de 1867, M. LE PLAY, examinant les conditions les plus favorables au développement de l'industrie, indique au nombre des plus nécessaires L'ESPRIT DE SUITE et LA PERSISTANCE DE L'ACTIVITÉ INDUSTRIELLE *dans les mêmes familles*. Il loue à cette occasion l'Angleterre de la transmission héréditaire du travail dans les mêmes maisons.

C'est à bon droit que la maison Colcombet peut, en France, s'offrir comme un exemple de cette tradition, qui a amené la grandeur commerciale de l'Angleterre.

RÉCOMPENSES ANTÉRIEURES.

Dans le catalogue de l'Exposition de 1855, les produits de la maison Colcombet, inscrits sous le numéro 6969, sont ainsi qualifiés :

« Les rubans exposés sont des rubans très-bien fabriqués pour toutes
« les consommations dans les genres légers, à des prix modérés aussi
« bien que dans les genres riches. »

En 1867, une autre médaille de première classe, accordée à la maison lors de l'Exposition universelle de Paris, le seul concours où elle eut pris part depuis 1855, vint attester que MM. Colcombet avaient su se maintenir au niveau où ils s'étaient placés tout d'abord.

MOUVEMENT ÉCONOMIQUE. — RÉFORME ET INSTALLATION DE L'USINE.

Jusqu'aux environs de 1850, la rubanerie de Saint-Étienne avait pu suffire à tous les besoins au moyen d'un outillage n'ayant d'autre mo-

---

[1] La *Réforme sociale*.

teur que la main. Des quinze mille métiers qu'on comptait à cette époque, la plupart appartenaient aux ouvriers, chargés du loyer de l'atelier et de l'entretien de l'instrument de travail.

Aujourd'hui, cet état de choses subsiste en très-grande partie.

A cette époque le mouvement général des affaires s'accrut considérablement par suite de la révolution économique, qui fut le résultat de l'abondance des capitaux, et de la transformation universelle des voies de communication et des moyens de transport.

Le commerce d'exportation prit une importance qu'il n'avait jamais eue : il fallut produire beaucoup, vite, et à meilleur marché.

Dès ce moment la question de l'outillage mécanique et de la fabrication au moyen des usines fut posée.

Elle se compliquait de l'examen des moyens à prendre pour éviter, dans une industrie qui en avait été exempte jusqu'à ce jour, les inconvénients que présentent les agglomérations industrielles, tout en assurant cependant aux ouvriers un salaire rémunérateur et un bien-être auxquels ils ont droit.

La maison Colcombet n'hésita pas à aborder une des premières la solution du problème.

Comme tous les autres négociants de Saint-Étienne, elle n'avait employé jusqu'alors que des métiers à la main. — La nouveauté étant alors un des grands éléments de succès, elle s'était fait une spécialité de rubans nouveautés. — Les rubans de ce genre, sortis de ses magasins, ses recherches en fait de dessin, la beauté de ses matières premières lui avaient, sans contestation, assuré le premier rang sur notre place, ainsi que le savent bien ceux qui ont, à cette époque, exercé la même industrie dans la ville de Saint-Étienne.

En présence de la nécessité des usines, une évolution devenait nécessaire.

A frais nouveaux, sans précédents pour servir de guide, il fallait chercher un local et y installer des appareils mécaniques entièrement neufs et dispendieux.

La maison Colcombet pensa qu'elle trouverait un des éléments du succès en faisant appel à la main-d'œuvre des campagnes. — Elle espérait, en outre, en apportant la prospérité dans des pays peu fréquentés jusqu'alors, y trouver en échange les facilités qu'elle désirait.

Tels furent les motifs qui la portèrent, en 1852, à fonder au hameau de la *Séauve*, commune de Saint-Didier, sa première usine.

Cet endroit n'avait alors aucune industrie propre. — La population, perdue dans un vallon de la Haute-Loire, vivait avec peine, au jour le jour, de faibles produits d'une culture peu fertile.

Tirant les conséquences du principe qu'il avait posé et qu'on peut résumer ainsi : *Utiliser le plus possible des forces jusque-là improductives, mettre à profit même les plus petites qui prises isolément ne sont*

rien, mais se décuplent si on parvient à les grouper, M. Colcombet appela pour travailler les jeunes filles jusque-là inoccupées des paysans du voisinage.

Son usine avait été installée sur la *Cemène*, petit cours d'eau qui descend, pour se jeter dans la Loire, des montagnes connues sous le nom de Cévennes.

Dans les premières années, il fit usage d'un moteur hydraulique, de la force de 15 chevaux environ.

On faisait ainsi mouvoir cent métiers et on occupait 150 ouvrières. — Ces filles avaient environ de 15 à 25 ans.

Cette combinaison assurait au patron une main d'œuvre dont le prix était bien plus régulier et bien plus modéré que les prix de la ville. Mais cette situation créait pour les maîtres des devoirs nouveaux.

L'usinier trouvait un avantage industriel ; de son côté la jeune fille un avantage pécuniaire immédiat. En effet, elle vivait d'abord mieux qu'autrefois de ce salaire qu'elle n'était pas habituée à recevoir, et sur les économies réalisées elle pouvait même se constituer une dot. Des deux côtés les satisfactions matérielles étaient donc assurées ; restaient les satisfactions morales.

— 5 —

En même temps qu'on utilisait et qu'on payait son travail, il fallait prévoir que cette jeune fille ne resterait pas constamment dans l'usine et il importait de la préparer pour devenir, le cas échéant, maîtresse de maison et mère de famille.

De là, la nécessité d'un enseignement de certains travaux manuels et celle d'un enseignement religieux et moral.

ORGANISATION EN VUE DES OUVRIÈRES.

Au premier de ces besoins, on a fait face en consacrant différentes heures à des leçons de couture et à d'autres connaissances pratiques, nécessaires dans le ménage. — On satisfit au second en installant un aumônier, et ensuite une chapelle qui est transformée aujourd'hui en église, comme on l'expliquera tout à l'heure.

Estimant que la religion est le meilleur auxiliaire du travail, M. Colcombet plaça ses ateliers sous la direction de religieuses du Puy, appartenant à l'institut de Saint-Joseph, qu'il fit venir à ses frais dans son usine.

Les jeunes filles furent divisées par ateliers de vingt ouvrières : les salles de travail furent présidées par six sœurs. Il y avait, en outre, un contre-maître et trois mécaniciens.

Cette entreprise eut, à l'époque, un certain retentissement. Le gouvernement français ayant ordonné une enquête sur les conditions du travail des soieries en France, le commissaire de l'État, M. Louis Reybaud, après s'être rendu à Lyon et dans les environs aux fabriques de Jujurieux et de Tarare, crut indispensable d'achever sa tournée en visitant la maison de M. Colcombet, à la Séauve. (*Voir dans les notes un extrait du rapport de M. Reybaud. Voir plus loin, pag. .*)13

Pour apprécier la portée de la tentative de réforme alors apportée par M. Colcombet dans la rubanerie, il faut s'en référer à l'ouvrage de M. Reybaud et au compte rendu qu'il a publié sur sa mission ; il faut consulter aussi l'ouvrage d'un autre économiste, l'*Ouvrière,* de M. Jules Simon.

En dehors de ces ouvrages, sur la critique desquels les jugements peuvent varier, ce que nous allons dire fera encore mieux juger de l'importance de cette réforme.

DIFFICULTÉS DE LA RÉUSSITE.

A cette époque de 1851, le mouvement qui portait à la création des usines se généralisa.

D'autres maisons de commerce firent de semblables essais, sur d'autres données, dans la même région, Rhône et Loire. — Un grand nombre d'entre elles ont succombé, tandis que l'usine Colcombet n'a cessé de prospérer et de se développer.

Depuis sa fondation, elle a eu des imitateurs.

A côté d'elle et dans le hameau de la Séauve sont venus s'établir divers négociants de Saint-Étienne, qu'il ne nous appartient pas d'apprécier ; mais il importe de remarquer que l'exemple de l'établissement des usines dans ce lieu fut donné par la maison Colcombet, de Saint-Étienne.

Or, au point de vue du développement de la richesse publique et locale, voici quelles en ont été les conséquences :

On les trouvera dans le tableau suivant où le contrôleur de l'impôt des contributions a mis en regard les cotes comparées du hameau de la Séauve en 1850 et en 1873.

NOTE DU CONTROLEUR DES CONTRIBUTIONS DIRECTES.

	FONCIÈRE	MOBILIÈRE	PORTES ET FENÊTRES	PATENTES	TOTAL
1850...	628	132	386	77 60	1,223 60
1873...	1,190	741	840	4,376 02	7,147 02
					5,923 43

48 constructions établies à la Séauve depuis 1850 expliquent le mouvement produit dans les revenus publics du *village seul*. — Là où il n'y avait qu'un hameau s'est formée une agglomération capable de devenir prochainement une commune.

Il faut aller de nos jours en Amérique, dans les régions de l'Ouest des États-Unis, pour trouver un mouvement semblable.

On peut affirmer que tout ce progrès est dû à la création des usines dont M. Colcombet a donné l'exemple et parmi lesquelles la sienne tient toujours le premier rang par la force motrice, les ouvriers et les capitaux qu'elle emploie.

En effet, voici où en est aujourd'hui la fabrique de M. Colcombet à la Séauve :

DÉVELOPPEMENT ACTUEL DE L'USINE

PROGRÈS DES SALAIRES.

A la première usine, montée sur deux étages, une autre s'apprête à succéder, construite entièrement au rez-de-chaussée, suivant les modèles et les mécanismes les plus perfectionnés, — parfaitement aérée, très-hygiénique, chauffée en hiver, ventilée en été.

Cet établissement va contenir 250 métiers, pouvant se mouvoir soit par l'eau, soit par la vapeur, et recevoir encore un développement plus considérable, suivant les besoins.

250 jeunes filles sont appelées à y travailler, placées, comme ci-devant, sous la direction des sœurs de Saint-Joseph.

Le salaire moyen de ces jeunes filles est de 17 à 18 fr. par semaine. Elles couchent dans l'usine, et vont le dimanche dans leur famille.

Elles se nourrissent elles-mêmes, soit en apportant des provisions, soit en les préparant, mais dans des cuisines chauffées et entretenues aux frais de la maison.

On jugera des résultats par les citations que voici :

En 1857, M. Louis Reybaud constatait que le gain annuel des ouvrières (en totalisant dans ce gain la nourriture) pouvait être estimé de 290 à 300 francs (Voir pag. 14).

Aujourd'hui la moyenne annuelle du salaire de chaque ouvrière s'élève de 600 à 800 fr.

Une caisse d'épargne a été fondée et est gérée par la maison Colcombet. Cette caisse compte quarante mille francs de dépôts appartenant à des ouvrières.

Enfin, les malades y sont soignés dans une infirmerie spéciale, tenue par les sœurs avec l'aide d'un médecin, et aux frais de MM. Colcombet.

Des leçons d'écriture, de lecture et de calcul sont données gratuitement aux jeunes filles, ce qui a valu à la maison d'être inscrite dans le conseil *des membres de la Société de protection des apprentis et des enfants employés dans les manufactures.*

Les règlements qui ont pourvu à la bonne tenue des ateliers, renferment une clause aux termes de laquelle chaque ouvrière est, à tour de rôle, chargée du soin de distribuer aux familles pauvres du voisinage les secours alloués par le patron ou prélevés sur le produit des amendes. — Cet usage permet d'associer ainsi les jeunes filles au plus élevé des priviléges : celui de la charité.

Annuellement, toutes les anciennes ouvrières mariées dans le canton, reviennent visiter l'usine et prennent part, ainsi que les patrons, à une fête destinée à resserrer les liens qui les unissent.

Ces faits sont consignés ici pour démontrer les efforts des patrons en vue d'améliorer autour d'eux, au moral et au physique, le sort des classes laborieuses. — Pour de plus amples renseignements, on pourrait consulter les journaux de la localité et divers ouvrages, notamment ceux de l'abbé Theillier et de M. Monnier, maître des requêtes au conseil d'Etat.

Il vient d'être parlé des anciennes ouvrières ayant quitté l'usine, s'étant mariées dans le pays et revenant annuellement, à jour fixe, prendre part, avec les jeunes filles qui les ont remplacées, à une fête de famille.

Il est à propos de faire remarquer ici, pour répondre à certaines observations des économistes, que le système Colcombet est aussi utile à la société en général qu'avantageux au travail de l'usine.

En effet, dans un pays pauvre, il a pour résultat d'attirer un argent qui n'y viendrait pas sans lui, et permet de constituer, au moyen de dots prélevées sur les salaires, de nouveaux ménages que la misère eût empêchés de se former, ou dont elle aurait tout au moins arrêté le développement.

Ces jeunes filles, ainsi formées, mieux instruites qu'elles ne l'eussent été autrefois, sont la réserve la plus sûre des cultivateurs. Et ceci n'est point une fiction ou une amplification de rhéteur, on peut citer trois sœurs qui ont gagné entre elles, en trois ans, une somme de 4,767 francs 85 centimes.

La liberté la plus grande est laissée aux ouvrières dans le choix de leur avenir, et de même que les unes se mariant aux environs de leur vingtième année, ont fait d'excellentes mères de famille; d'autres (cinquante environ) se sont vouées à la vie religieuse et sont allées dans les montagnes du voisinage, dépourvues jusqu'alors d'institutrices, répandre l'instruction et les enseignements religieux qu'elles avaient reçus.

INFLUENCE DE LA FABRIQUE SUR LE HAMEAU DE LA SÉAUVE. — ÉGLISE. — MAISON DES RELIGIEUSES. — ÉCOLE DE GARÇONS.

La prospérité, comme la misère, est contagieuse; le hameau de la Séauve est devenu, par suite de l'exemple donné par la maison Colcombet, un gros bourg.

Cette maison ne contribue plus seule, il est vrai, à le maintenir; mais elle soutient son développement dans une proportion hors de toute comparaison.

Il appartenait à M. Colcombet de compléter son œuvre en prévoyant les progrès que devait faire l'agglomération des habitants de la Séauve, grâce à l'industrie qu'il y avait appelée.

Il devait doter cette agglomération de tout ce qui est indispensable au culte, à l'enseignement et à la vie publique d'une commune.

C'est ce qu'il a fait; son intérêt et son devoir se trouvaient d'accord pour l'y engager; il fallait bien préparer la résidence centrale de la future commune, dont les habitants devaient pourvoir aux besoins des futures usines et croître avec elles. La Séauve étant construite dans un ravin, près d'une ancienne abbaye, il était difficile de lui donner, dans cet endroit même, l'élargissement devenu nécessaire.

En même temps qu'il reconstruisait son usine, sur un modèle plus récent, M. Colcombet faisait préparer un vaste terrain dont il était possesseur pour recevoir, en grande partie, la nouvelle assiette de la Séauve.

A la place de la chapelle primitivement jointe à la vieille usine, il a fait élever une véritable église à trois nefs, destinée à être érigée en paroisse. Tous les habitants des environs s'y rendent déjà pour y assister à l'office divin.

Les appartements donnés aux cinq religieuses des premières années, ont été changés en une vaste maison où une dizaine de sœurs de Saint-Joseph ont ouvert des écoles pour toutes les petites filles des habitants indistinctement.

En face de la maison des religieuses et sur une place destinée à devenir place publique, une école de garçons, érigée aux frais de M. Colcombet, a été mise sous la direction des *frères Maristes*.

Enfin, au travers d'un terrain de quarante mille mètres de superficie, il a tracé des promenades, des rues, tout un système de voirie et même des conduites pour l'eau destinés à la future commune.

Dans ce terrain, pour attirer et fixer la population nécessaire aux besoins des usines et en particulier aux ouvriers de la Séauve, il a assigné des lots.

Le terrain est donné gratuitement.

Les constructions doivent se faire d'après un plan étudié par les ingénieurs les plus compétents et conformément à toutes les règles de la salubrité.

La seule servitude imposée au nouvel habitant est l'obligation à perpétuité de ne jamais construire de débits de boissons ou de cabarets sur le terrain concédé.

Cette clause est onéreuse à la maison Colcombet, en ce sens qu'elle eût tiré un bien meilleur parti de ses terrains si elle eût toléré les débits de liquides; mais il lui a semblé qu'il valait mieux préférer un système lésant peut-être ses intérêts, mais dont la moralité publique doit profiter.

Avant peu le hameau de la Séauve pourra demander à être détaché de la commune de Saint-Didier, dont il fait partie, et vivre de sa vie propre.

Xavier de Monter.

ANNEXE ET PIÈCES JUSTIFICATIVES

Extrait de l'ouvrage : Études sur le régime des manufactures. — Conditions des ouvriers en soie, par M. Louis Reybaud, *membre de l'Institut.*

« C'est encore un gouvernement religieux que nous retrouvons à la Séauve ; aucune population n'y était mieux disposée, et l'esprit des fondateurs y inclinait de la manière la plus sincère. Aussi l'autorité des sœurs y a-t-elle été établie sans peine et se maintient-elle sans embarras. Un règlement très-sage fixe les droits et les devoirs de chacun, assigne des limites aux attributions, trace des plans de conduite, et par des mesures de prévoyance empêche les empiétements. Une ouvrière admise à la Séauve y trouve plutôt une famille qu'un atelier, et l'existence qu'elle y mène est assurément plus douce, moins précaire, moins rude surtout que celle du foyer paternel. Aux travaux de la montagne succède un travail dont les heures sont réglées, et qui n'expose ni aux intempéries, ni aux souffrances inséparables de la vie en plein air. La nourriture est également meilleure, les soins du corps sont mieux entendus et plus suivis; l'intelligence est mieux cultivée. En somme, la condition est améliorée sensiblement. Pour exciter l'émulation des apprenties, un classement a lieu tous les mois et les gages sont en rapport avec le rang qu'elles obtiennent. Ce gage peut s'élever jusqu'à 250 francs ; il est plus réduit pour les ouvrières moins habiles, et presque nul pour celles qui commencent. La moyenne varie de 140 à 150 francs. C'est une rémunération plus élevée que celle de Tarare et de Jujurieux, mais il doit y avoir, pour la Séauve, un avantage dans les dépenses alimentaires, à raison de la zone d'approvisionnement. En revanche, d'autres charges y font compensation. Ce n'est pas sans sacrifices ni efforts que l'on porte la vie dans des pays pauvres, où les ouvriers d'art sont rares, et où, pour certains services, les prix s'aggravent par les distances et les difficultés d'un déplacement. Dans les débuts surtout, il y a là des conditions onéreuses dont on ne s'affranchit qu'à la longue, et dont on n'amortit le fardeau qu'après un certain nombre d'exercices.

« Tels sont les trois établissements qui, par leur caractère et leur esprit, méritent de fixer l'attention publique. C'est en deux mots le ressort religieux appliqué à l'industrie. Comme résultats matériels, il est difficile d'émettre une appréciation définitive. Deux de ces manufactures, Tarare et la Séauve, sont trop nouvelles pour qu'on puisse établir des calculs sur une base certaine, et, quant à Jujurieux, il semble que ses bénéfices sont plutôt indirects que directs, et consistent moins dans un profit sur l'ouvraison que dans l'avantage d'avoir des soies mieux traitées, plus sûres à l'emploi et d'une qualité plus suivie. Ce qu'on a ainsi dépensé en préparations se retrouve amplement sur le mérite de l'étoffe. Voici d'ailleurs un compte dont on peut suivre les détails. D'après des notes que j'ai sous les yeux, les frais de nourriture ne dépassent pas, pour l'un de ces établissements, 40 centimes par tête et par jour ; ils peuvent même descendre plus bas dans les montagnes de la France centrale. En y ajoutant 10 centimes pour l'entretien et les frais généraux, et 16 centimes pour les gages, dont la moyenne est de 60 francs par an, on arrive à un total de 66 centimes par jour et par apprentie, imputables sur 365 journées; c'est-à-dire 230 fr. 90 c. par an. Si maintenant on fait porter cette somme sur les 300 jours ouvrables, les seuls qui présentent un produit, on trouve que le salaire quotidien de chaque ouvrière, frais et rétribution compris, roule entre 75 et 80 centimes. Mais ce n'est là évidemment qu'un des éléments de ce calcul, celui de la dépense courante et sujette à se renouveler; il y en a un autre, c'est la dépense fixe, la dépense de premier établissement qui comprend les constructions, l'outillage et les ateliers annexés. Des sommes considérables ont été ainsi engagées; elles vont, pour l'une de ces manufactures, à un million au moins, qui, amorti à raison de 10 pour 100, représente une charge annuelle de 100,000 francs, supportée par les bénéfices du travail, et à déduire avant tout prélèvement. »

Dans l'ouvrage auquel nous avons emprunté ce que M. Reybaud a bien voulu dire de l'établissement de M. Colcombet, se trouve publié *in extenso* le règlement, actuellement encore en vigueur dans cet établissement. Il regarde ce règlement comme étant un modèle à suivre par tous les « établissements du même genre, soit créés, soit à créer. »

RÉSUMÉ

La puissance industrielle de la maison Colcombet peut s'estimer ainsi : L'outillage qu'elle occupe est de cinq cents métiers.

Trois cents sont mus à la main et isolés d'après la division du travail, la plus anciennement et la plus particulièrement usitée à Saint-Étienne.

Deux cents sont mus mécaniquement et groupés dans l'usine de la Séauve.

Le système mécanique de ces métiers est le système-tambour.

La maison donne du travail à six cents ouvrières pour toutes les manipulations que le ruban exige, elle en a posé un certain nombre, les ouvrières notamment, autour de son usine, donnant ainsi naissance à un village qu'elle a doté de divers services publics.

L'usine Colcombet dispose par le moteur hydraulique d'une force de vingt chevaux, et en outre de vingt chevaux-vapeur.

Une des premières, la maison Colcombet a appliqué la main d'œuvre de campagne, à la grande industrie; elle a essayé dans son usine de la Séauve et dans le but d'améliorer les conditions des classes laborieuses, des combinaisons qui ont attiré l'attention d'économistes de diverses écoles.

Cette industrie a créé et soutient à la Séauve tout ce hameau qui est sur le point de devenir une commune.

Le chiffre d'affaires de la maison s'élève annuellement à trois millions de francs.

Ses produits sont connus et répandus aussi bien à l'étranger qu'en France. Son exportation a lieu, notamment en Angleterre, aux États-Unis, en Allemagne, en Espagne, en Russie, etc., etc.

Le chef actuel de la maison (médaillé de 1re classe, Paris 1867) est vice-président de la chanbre syndicale des tissus de la ville de Saint-Étienne.

CONCLUSIONS

A raison des faits énoncés dans l'exposé qui précède, la maison Colcombet se croit autorisée à prétendre à la médaille de progrès et, surtout à cause de son personnel, à la Médaille d'honneur.

Elle demande, en outre, une récompense, à titre de collaborateur, pour M. Jean-Louis Gardon, son principal employé, et une récompense pour la communauté des religieuses de Saint-Joseph, du Puy, qui ont la surveillance de ses ateliers.

Saint-Étienne, le 28 Mars 1873.

F^{res} Colcombet.

www.ingramcontent.com/pod-product-compliance
Lightning Source LLC
Chambersburg PA
CBHW060633050426
42451CB00012B/2577